LES MEILLEURES PLANTES DÉPOLLUANTES

LES MEILLEURES PLANTES DÉPOLLUANTES

Geneviève Chaudet
et Ariane Boixière-Asseray

rustica éditions

Dépôt légal : janvier 2010
ISBN : 978-2-84038-968-2
N° éditeur : 49440

www.rustica.fr
www.fleuruseditions.com

SOMMAIRE

AVANT-PROPOS

Vous avez désormais la capacité d'optimiser l'air de votre maison ou de votre appartement en y installant des plantes. En effet, les recherches scientifiques sur la dépollution de l'air par les plantes ne laissent plus aucun doute sur l'efficacité de ces dernières.

Nous sommes attentifs à la composition de ce que nous buvons et à notre équilibre alimentaire, en revanche nous oublions parfois de vérifier la qualité de l'air que nous respirons. Or, nous passons en moyenne 80 % de notre temps dans les espaces clos et, si nous n'avons pas toujours la possibilité de résoudre les problèmes de pollution intérieure sur nos lieux de travail ou dans les espaces publics, il y a au moins un endroit où nous pouvons intervenir : c'est notre habitat privé.

Vous pouvez aujourd'hui décider de vivre dans une maison plus saine pour votre bien-être tout en préservant votre environnement.

Avoir « la main verte » et « cultiver un air sain » n'est pas réservé à une minorité. Et vous n'aurez plus aucune excuse après avoir lu ce livre car vous y découvrirez les plantes les plus efficaces et les gestes simples pour optimiser l'air de votre maison.
La nature continue à nous préserver, alors aimons-la et faisons-lui confiance.

LES POLLUANTS DE L'AIR INTÉRIEUR

La pollution de l'air intérieur a de nombreuses sources différentes dans une maison. Elle est en partie due à l'air extérieur, mais aussi et surtout aux matériaux utilisés pour la construction et l'aménagement de nos intérieurs, ainsi qu'à nos modes de vie. Le fait d'identifier ces sources de pollution nous permet d'intervenir à bon escient pour améliorer la qualité de nos lieux de vie.

LES DIFFÉRENTS TYPES DE POLLUTION

La pollution de l'air intérieur de nos maisons est essentiellement d'origine chimique, due aux matériaux de constuction et aux activités que nous entreprenons durant nos loisirs.

La pollution chimique

C'est le champ le plus vaste des pollutions modernes. Nous sommes entourés de produits chimiques, qu'ils soient ménagers, cosmétiques, ou même vestimentaires. Certains émettent des particules qui se répandent dans l'air.

L'utilisation de la cheminée peut provoquer l'apparition de polluants dangereux, tel le monoxyde de carbone.

Les composés organiques volatils ou COV

Les produits chimiques rejettent dans l'air des particules volatiles polluantes qui sont nocives pour l'organisme humain.

Classification sanitaire des polluants de l'air intérieur

Les différents polluants que l'on retrouve dans les logements ont été classés en fonction de leur impact sanitaire néfaste à court et moyen termes.

- **Groupe A**, les substances « hautement prioritaires » (c'est-à-dire les plus nocives) : formaldéhyde, benzène, acétaldéhyde, particules, radon, di-étylhexyl-phtalates (DEHP) et dichlorvos.
- **Groupe B**, les substances « très prioritaires » : allergènes de chien et de chat, dioxyde d'azote, acariens, toluène, trichorétylène, dieldrine, plomb, paraffines chlorées à chaîne courte, tetrachloréthylène, aldrine et monoxyde de carbone.
- **Groupe C**, les « substances prioritaires » : biocides, champs électromagnétiques très basses fréquences, composés organiques volatils, éthers de glycol, fibres minérales, phtalates, endoxines, retardateurs de flammes et organoétains.

Source : Observatoire de la qualité de l'air intérieur.

MÉMO

Toutes les pollutions de l'air intérieur sont autant de raisons pour aérer souvent son habitat et permettre à l'air de circuler et de se renouveler.

Parmi celles-ci, il y a ce que l'on appelle les composés **ORGANIQUES** volatiles ou COV, libérés notamment sous l'influence de l'humidité relative des bâtiments et du chauffage.
L'exposition continue à ces polluants produit des symptômes diffus regroupés sous le terme de syndrome des bâtiments malades. Difficiles à repérer, ceux-ci vont de la simple irritation des yeux, de la gorge et du nez à des états de fatigue et de malaise chroniques, voire à de l'asthme. Sur le long terme, l'exposition à ces polluants peut provoquer des cancers.

ORGANIQUE

Le terme organique signifie que l'élément contient du carbone.
Les composés organiques volatils (COV) rassemblent des hydrocarbures et d'autres espèces chimiques comme les alcools, les aldéhydes, les solvants halogénés, etc.

Les produits volontairement relâchés dans l'air

Il en existe deux types : les produits pesticides ou biocides, pour lutter contre des insectes indésirables, et les produits pour désodoriser et camoufler les « mauvaises odeurs », tels que les aérosols d'ambiance et les cosmétiques.

Le monoxyde de carbone

Ce gaz qui résulte de la combustion incomplète de matières carbonées est très dangereux et peut être mortel. La tête lourde, une vision floue, des nausées, des palpitations et une difficulté à se mouvoir sont les seuls symptômes qui permettent de déceler sa présence car il est inodore et invisible. Le monoxyde de carbone peut être émis par les appareils à gaz, à charbon, à pétrole, à essence, à gasoil ou à bois : cuisinière, chauffe-eau, système de chauffage à gasoil ; mais aussi par une cheminée, la fumée de cigarette ou encore les gaz d'échappement d'une voiture dont on fait fonctionner le moteur dans un local fermé, tel un garage.

La cuisine est souvent touchée par la pollution électromagnétique du fait de la présence de nombreux appareils électroménagers.

La pollution électromagnétique

Il ne s'agit pas d'une pollution de l'air à proprement parler, mais d'ondes électromagnétiques qu'il est important de prendre en compte car elles peuvent avoir des répercussions sur notre santé. Ces ondes sont émises en grande partie par les appareils électroménagers, les téléviseurs et les ordinateurs, mais aussi par la radio.

La pollution biologique

Les individus eux-mêmes sont une source de pollution par leurs activités. La sueur, les odeurs corporelles, les micro-organismes (mais aussi les pellicules ou les peaux mortes) sont autant de substances en suspension qui viennent polluer l'air ou se déposer dans la maison et se dégrader au fil du temps. Ajoutons que les animaux participent à la pollution biologique. Les allergènes véhiculés par les poils des animaux domestiques provoquent chez certaines personnes des allergies nuisibles à leur santé. Ces allergènes restent en effet présents dans l'air pendant très longtemps.

La pollution de l'air extérieur

L'air de nos intérieurs peut aussi être pollué par l'air extérieur, chargé de toutes sortes de gaz et de substances volatiles. Nous ne pouvons cependant pas agir directement sur celui-ci. Parmi les polluants les plus courants, il y a les gaz contenus dans les carburants de nos véhicules, tel le benzène. Mais il faut citer aussi les gaz rejetés par les industries chimiques, particulièrement présents dans les milieux urbains.

LA POLLUTION ISSUE DES MATÉRIAUX DE CONSTRUCTION

Certains composants chimiques présents dans les matériaux utilisés dans le domaine du bâtiment et de la construction émettent des polluants dans l'air. Il s'agit de molécules chimiques, présentes à l'état de vapeur ou de gaz, qui se mélangent à l'air, parfois en s'accrochant aux poussières contenues dans l'atmosphère.

Les produits concernés

Le polychlorure de vinyle (PVC), les peintures, les solvants, l'amiante, les colles, les vernis et les produits de traitement du bois, notamment les biocides (insecticides), sont parmi les sources de polluants les plus fréquents dans nos lieux de vie.

Le formaldéhyde est présent dans les meubles en bois aggloméré, aussi n'oubliez pas d'aérer régulièrement votre intérieur afin d'en réduire la quantité dans la pièce.

Le Centre scientifique et technique du bâtiment (CSTB) propose depuis 2003 une certification qui atteste de l'absence d'impact sur la santé des matériaux utilisés et garantit des émissions radioactives minimales ainsi que de faibles émissions de composés organiques volatils (COV).

Les éthers de glycol

Ces éthers sont dissimulés essentiellement dans les produits dits « à l'eau », en remplacement des solvants organiques. Ils sont ainsi présents dans la fabrication des laques, peintures, vernis, colles, savons et cosmétiques, produits de traitement du bois, herbicides et fongicides, ainsi que dans la composition du calfatage siliconé.

Les fibres minérales artificielles

Il s'agit des fibres entrant dans la constitution des laines isolantes, parmi lesquelles la laine de verre et celle de roche sont les plus connues et les plus couramment employées dans la construction de bâtiments.
Le risque lié à l'utilisation des fibres céramiques **RÉFRACTAIRES** vient du fait que, lors de la manipulation, des fibres minérales très fines peuvent être libérées dans l'air et pénétrer plus ou moins profondément dans les poumons. Cela peut provoquer des lésions graves.

Réfractaire

Un matériau est dit réfractaire lorsqu'il résiste à de fortes températures.

Les phtalates

Ce sont des plastifiants très utilisés jusqu'à récemment dans la composition du polychlorure de vinyle (PVC). On en dénombre cinq : le dibutylphtalate (DBP), le butylbenzylphtalate (BBP), le di-isononylphtalate (DINP), le disiodécylphtalate (DIDP) et le di-éthylhexyl-phtalate (DEHP).
La Commission européenne interdit, depuis le 10 novembre 1999, l'utilisation de ces cinq phtalates pour la fabrication des jouets et articles de puériculture en PVC souple destinés à être portés à la bouche par des enfants de moins de 3 ans.

Les solvants

Par définition très volatils, les solvants sont utilisés pour liquéfier une émulsion. Celle-ci peut être une peinture, un vernis, une colle, une résine... Les produits contenant ces solvants sont très nombreux, à commencer par les produits pétroliers comme l'essence ou le white-spirit. Il existe aussi des produits naturels :

essence de térébenthine et alcools en font partie. Les solvants les plus connus sont le toluène, le xylène et le trichloréthylène.

Le styrène

On trouve du styrène plus particulièrement dans les matières plastiques, les matériaux isolants, le carburant et la fumée de cigarette.

Une nouvelle peinture apporte un coup de neuf mais également quelques polluants, parmi lesquels le benzène.

Le benzène

Le benzène apparaît dans la composition de nombreux produits. Les peintures, les encres, les matières plastiques, les détergents, les carburants et la fumée de cigarette en contiennent. Mais c'est aussi le cas des produits de bricolage, d'ameublement et de décoration.
Le Centre international de recherches contre le cancer (CIRC) a reconnu cet hydrocarbure cancérigène pour l'homme.

Le formaldéhyde

On trouve le formaldéhyde dans les panneaux de bois aggloméré, les mousses d'isolation urée-formol, la colle à moquette, les résines, la laine de verre et celle de roche, certaines peintures, certaines moquettes et certains textiles. Les vitrificateurs et les cosmétiques émettent également du formaldéhyde. C'est aussi un composant de la fumée de cigarette, des papiers peints et des gaz de combustion de la chaudière.
Selon l'Organisation mondiale de la santé (OMS), la concentration intérieure du formaldéhyde doit être inférieure à 0,1 mg/m^3 pour une exposition de 30 minutes pour une personne sans problème de santé de type affection respiratoire.

La pose du papier peint peut provoquer l'apparition de formaldéhyde.

Je conseille

« Pour éviter l'apparition du formaldéhyde dans l'air, je n'utilise pas de peinture contenant des solvants. Je choisis les peintures alkydes en émulsion, dites "sans solvants". Et surtout, je ventile souvent et longtemps les pièces fraîchement peintes. »

LA POLLUTION DOMESTIQUE

Il ne faut pas toujours chercher loin de chez soi les sources de pollution. Certaines de nos habitudes de vie sont aussi à incriminer. Le ménage et le bricolage sont des activités qui font intervenir la manipulation de produits chimiques. Or ces derniers sont des sources de pollution potentielle, du fait des substances qu'ils contiennent.

Le bricolage

Activité pratiquée dans tous les foyers, le bricolage à lui seul est source de pollution importante car il entraîne la manipulation de produits chimiques qui peuvent être toxiques. Les solvants, certains vernis et colles peuvent être cités. La peinture elle-même contient des solvants dont l'inhalation est déconseillée. De plus, le bricolage produit dans l'air des particules fines et des poussières qui viennent gêner la respiration et s'infiltrer dans les poumons. Ainsi, si vous devez bricoler, faites-le en plein air et portez un masque. Autre solution : utilisez des peintures à l'eau ou à la caséine.

La décoration de l'intérieur est une étape importante, mais attention au choix des matériaux utilisés.

La décoration et l'ameublement de la maison

La pollution chimique de nos intérieurs provient également des matériaux de décoration et d'ameublement que nous utilisons. La peinture et les plastifiants contenus dans les sols en PVC restent les principaux éléments auxquels il faut faire attention.

Les tissus décoratifs sont très souvent traités. Or ce sont eux qui absorbent majoritairement les substances chimiques générées par nos activités quotidiennes. La pollution se voit ainsi doublée car les textiles rejetteront par la suite de nouvelles substances polluantes.

Le chauffage

Les appareils de chauffage ou à combustion émettent du monoxyde de carbone, résultat de la combustion du bois ou des aliments brûlés.

Il existe des appareils mesureurs qui contrôlent les émissions de ce gaz. Renseignez-vous auprès des professionnels pour les faire installer.

Comment neutraliser l'apparition du monoxyde de carbone ?

Assurez-vous que vos appareils sont en bon état. Faites appel à un professionnel qualifié pour en assurer l'entretien (au moins une fois par an).
Faites ramoner votre cheminée deux fois par an, à la fin de l'été et au printemps. Un contrôle annuel des appareils de chauffage et des conduits est rendu obligatoire par votre assurance habitation.
Maintenez une ventilation régulière et efficace de votre logement (avec notamment la ventilation mécanique contrôlée – VMC) si vous possédez un de ces appareils.

MÉMO

Des arrêtés datant des 22 et 27 janvier 1998 interdisent l'utilisation des éthers de glycol dans la fabrication des cosmétiques, des médicaments et des produits d'hygiène.

Les cosmétiques

Les produits de toilette et de beauté (les cosmétiques) sont par définition des cocktails chimiques. Or nous en consommons beaucoup, soucieux que nous sommes de notre apparence physique. L'usage du formaldéhyde est courant comme conservateur dans ces produits. On le trouve également dans les gels pour la douche et les shampooings.
Les laques pour cheveux contiennent aussi beaucoup de COV. Enfin, les éthers de glycol font souvent partie des substances incriminées dans les cosmétiques.

Faire attention à soi c'est également être attentif aux composants de ses produits du quotidien.

Les produits d'entretien

Abuser des produits ménagers n'est pas idéal tant pour l'environnement que pour la santé.

La pollution chimique provient en partie de l'utilisation des produits de nettoyage et d'entretien, mais aussi de tous les phytosanitaires (pesticides et biocides divers qui ne sont pas biologiques). Parmi ces produits du quotidien, nous pouvons citer, par exemple, les bombes aérosol antipoussière, les encaustiques, l'eau de Javel, les produits nettoyants pour le sol ou les assouplissants.

L'encaustique dégage des éthers de glycol. Préférez ainsi les cires naturelles, moins polluantes. Pour éviter les bombes dépoussiérantes qui émettent du formaldéhyde, rien ne vaut le chiffon à poussière ou le plumeau.

Lessives, assouplissants et détergents sont souvent entreposés ensemble à l'air libre dans la salle de bains qui est un endroit très humide. Ces deux conditions favorisent le dégagement de composés organiques volatils qui sont néfastes pour la santé.

Il est alors impératif de regrouper et d'enfermer les produits de nettoyage et d'entretien dans une pièce à part, bien aérée et qui ne soit pas une pièce de vie afin d'éviter tout risque de pollution.

Les parfums d'intérieur

Si vous utilisez souvent, dans votre salle de bains, petite et mal aérée, des désodorisants de toutes sortes sans vérifier leur composition à l'achat, faites attention. En effet, certains désodorisants dégagent du formaldéhyde, et ces émissions sont accentuées par l'humidité et le confinement. Méfiez-vous également des produits parfumés : 80 % des produits chimiques utilisés dans les parfums sont des dérivés du pétrole, comme le benzène ou l'acétaldéhyde.

Je conseille

« Je préfère utiliser des cires d'abeille pures ou dépoussiérer le bois avec un chiffon doux sans utiliser de bombe dépoussiérante. Vous pouvez aussi utiliser des huiles spécifiques sans solvants pour les meubles. »

La fumée de cigarette

Le fait de fumer dans une maison libère une quantité importante de particules et de gaz nuisibles. Il faut savoir que la cigarette ne contient pas moins de 4000 composants chimiques dont une cinquantaine sont cancérigènes.

Les appareils électroménagers

Certaines pièces de la maison sont plus particulièrement concernées par cette pollution, la cuisine en fait partie intégrante.
Tous les appareils électriques émettent des ondes électromagnétiques lorsqu'ils fonctionnent. Or dans nos maisons suréquipées, on les trouve partout, que ce soit un four à micro-ondes ou certains types de plaques à induction.
Si votre cuisine est suffisamment spacieuse, ne concentrez pas tous les appareils au même endroit. En les installant sur un même pan de mur, vous éviterez aux ondes de se croiser.

Je conseille
« Éteignez vos appareils électriques lorsque vous ne les utilisez pas et notamment avant de vous coucher. Vous réaliserez ainsi des économies d'énergie et cela vous évitera une exposition inutile aux ondes électromagnétiques. »

Le bureau : un concentré de technologies

Le bureau est parfois une pièce réduite où se trouve concentrée une pollution électromagnétique importante. En effet, les champs électriques et magnétiques produits par les téléviseurs, les ordinateurs, le téléphone sans fil ou la lampe halogène peuvent être situés dans un environnement proche de votre poste de travail et ainsi affecter votre santé. Essayez d'éloigner le plus possible ces éléments de votre place assise. Enfin, orientez l'arrière de vos écrans d'ordinateur vers un mur donnant sur l'extérieur de la pièce pour ne pas être exposé à des ondes électromagnétiques plus ou moins puissantes.

L'ordinateur génère une pollution électromagnétique qu'il est possible de réduire en l'éteignant lorsqu'il n'est pas utilisé.

AMÉLIORER LA QUALITÉ DE L'AIR INTÉRIEUR

Les plantes sont des êtres vivants comme nous. Elles ont besoin d'air et d'eau pour exister. En outre, leur métabolisme agit sur les polluants contenus dans l'air. Elles ont donc une action bénéfique pour améliorer l'air de nos habitats.

LES RECHERCHES SUR LA QUALITÉ DE L'AIR INTÉRIEUR

Le rôle des plantes dans la qualité de l'air intérieur a d'abord été étudié pour la Nasa dans les années 1970-1980, puis a fait l'objet de nombreuses recherches à travers le monde. Ainsi, en France, le programme Phytair initié en 2001 a cherché à valider ces travaux.

La notion de qualité de l'air intérieur est apparue pour la première fois en 1974. La qualité de l'air a alors été l'objet d'études approfondies menées par un jeune étudiant américain spécialisé en sciences de l'environnement, Bill Wolverton, qui fut engagé par la National Aeronautics and Space Administration (NASA) pour étudier la qualité de l'air dans les engins spatiaux habités.

Il créa un habitat écologique fermé qui reproduisait à petite échelle les conditions de vie des aéronautes dans l'espace. Écologique, parce qu'en introduisant une plante, donc un être vivant dans cet espace, Bill Wolverton tenta de rapprocher ce dernier de l'environnement naturel des humains, la Terre. Cet habitat était un espace clos, une boîte hermétiquement fermée dans laquelle de l'air était injecté au moyen d'un tuyau et où se trouvait une plante installée dans un pot. Bill Wolverton introduisit dans cette boîte de l'air pollué et mesura sur 24 heures les variations en quantité de chaque polluant absorbé par la plante. Il élargit ensuite ses études à l'air ambiant présent dans les bureaux et habitations.

Le premier biofiltre

Bill Wolverton fut le premier, en 1989, à tester dans sa propre maison un système de biofiltre amélioré associant une plante (un pothos) en pot à du charbon actif et à des micro-organismes contenus dans le **SUBSTRAT**. Il installa sous le pot un petit ventilateur chargé de créer un mouvement d'air descendant afin que les polluants soient absorbés et décomposés par les micro-organismes des racines.

Il mesura l'absorption de plusieurs composés chimiques par une multitude de plantes d'intérieur choisies parmi les plus courantes. Celles-ci étaient enfermées dans des chambres her-

SUBSTRAT

Le substrat est un sol composé artificiellement pour répondre aux besoins d'une plante de culture.

métiques remplies d'air propre, puis Bill Wolverton injecta des polluants à des concentrations proches de celles relevées dans les habitations. Il constata alors que certaines plantes étaient plus efficaces que d'autres pour absorber certains polluants.

BIOFILTRE DE WOLVERTON

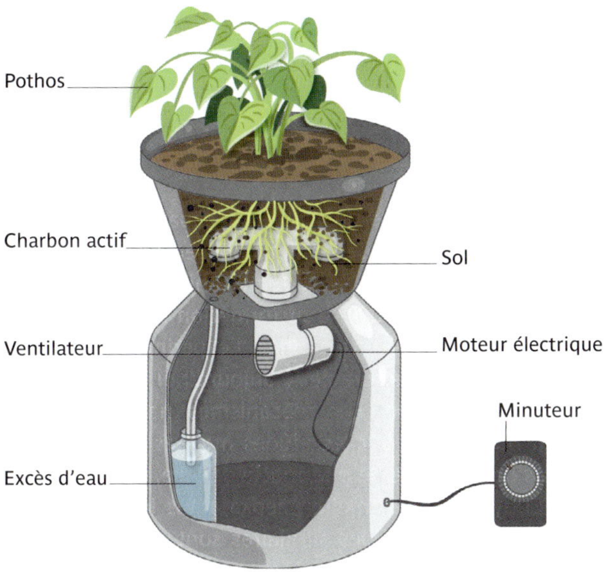

LE PROGRAMME PHYTAIR

Les travaux de Bill Wolverton vont inspirer bien des scientifiques à travers le monde.
En France, le programme de recherches scientifiques Phytair fut initié en 2001 grâce à la réunion de l'association Plant'air pur, du Centre scientifique et technique du bâtiment (CSTB) de Nantes, de la faculté de pharmacie de Lille ainsi que du Conseil régional Nord-Pas de Calais. Son but était d'étudier le rôle dépolluant des plantes d'intérieur et ainsi de vérifier leurs capacités à débarrasser l'air intérieur des polluants. Ce programme portait sur deux plantes (Chlorophytum et *Scindapsus aureus*) et sur trois polluants (benzène, monoxyde de carbone et formaldéhyde).
Il atteint aujourd'hui sa troisième phase : passer de l'échelle du laboratoire à celle de la réalité. Le laboratoire du CNRS et de l'université de Lille se sont joints au programme.

LES PRINCIPES DE LA BIOÉPURATION

On regroupe sous le terme de bioépuration l'ensemble des techniques qui mettent en œuvre des micro-organismes vivants (comme des bactéries et des levures) pour épurer un sol, de l'eau ou de l'air pollué par un composé chimique, à condition que celui-ci soit biodégradable.

UN MÉCANISME EN TROIS GRANDES PHASES

Véritable usine à dépolluer, la plante a la capacité de capter certains polluants de l'air et de les décomposer grâce à son métabolisme. Pour expliquer en détail le mécanisme complexe d'absorption, de captation et de transformation des polluants par la plante, il a fallu plusieurs années d'expérimentations et de recherches. Néanmoins, on peut aujourd'hui décrire ce processus de bioépuration. Les mécanismes naturels observés s'appuient notamment sur les études menées par l'équipe de chercheurs de la faculté de pharmacie de Lille, dont font partie Damien Cuny et Marie-Amélie Rzepka, dans le cadre du programme Phytair. Des études similaires sont en cours dans de nombreux pays.

Tout d'abord, les plantes convertissent le gaz carbonique en oxygène grâce au processus de la photosynthèse. C'est d'une certaine façon une première étape dans la dépollution, puisque le CO^2 en trop grosse quantité est néfaste à l'être humain.

Ensuite les plantes transpirent et, en augmentant **L'HYGROMÉTRIE**, elles favorisent une meilleure qualité de l'air.

Pour finir, les plantes réalisent le plus gros de leur travail de dépollution quand elles captent par leur feuillage les produits toxiques volatils qui les entourent. Elles ont en effet cette capacité à faire disparaître certains produits chimiques avec leurs processus biologiques ou à les stocker dans leurs tissus.

HYGROMÉTRIE

L'hygrométrie est la mesure du degré d'humidité de l'air.

LE CHEMINEMENT DES POLLUANTS DANS LA PLANTE

Les micro-organismes fixés sur les racines de la plante ont également un rôle à jouer dans la dépollution de l'air.

D. Cuny et M.-A. Rzepka, membres de l'équipe de chercheurs chargés des travaux sur la bioépuration à la faculté de pharma-

Si vous placez plusieurs plantes dans une même pièce, vous multiplierez leur action dépolluante.

cie de Lille, expliquent que certains polluants, une fois dissous dans l'eau du sol, sont absorbés par les racines de la plante. Ils précisent ensuite que les plantes assimilent également les polluants grâce à leurs feuilles, par les **STOMATES** ou suite à un dépôt de surface.

C'est grâce à ces stomates que les échanges gazeux entre la plante et l'atmosphère ont lieu. Une fois dans la cavité sous-stomatique, les polluants entrent en contact avec l'eau qui tapisse les parois. En phase liquide, ils pourront pénétrer dans les cellules pour y être transformés, ou y être stockés. Les polluants déposés à la surface des feuilles entrent en contact avec la cuticule. Ils peuvent migrer au sein de cette cuticule sous l'influence de nombreux paramètres : température, nature du polluant…

STOMATES

Les stomates sont des orifices situés essentiellement sur l'épiderme foliaire des végétaux, qui sont nécessaires à la respiration, à la photosynthèse et à la régulation hydrique.

Des plantes spécialisées

Le caractère incroyable de cette bioépuration est que chaque plante ne va absorber que certains composés organiques volatils ou polluants très spécifiques. Il y a en quelque sorte une spécialisation de la plante dans son activité de dépollution.

Principe de la bioépuration

RESPECTER LES BESOINS VITAUX DES PLANTES

Une plante est un être vivant qui doit répondre à des besoins vitaux pour survivre. Seule une plante en bonne santé peut avoir une réelle action dépolluante.

Un arrosage adapté apportera à votre plante tous les nutriments dont elle a besoin.

La plante respire

Comme tout être vivant, la plante met en œuvre un mécanisme de respiration. En effet, elle absorbe de l'oxygène, l'assimile et rejette du gaz carbonique, le jour mais aussi la nuit.

La plante transpire

Lorsque la température s'élève, la plante lutte contre la chaleur en laissant s'évaporer la plus grande partie de l'eau puisée dans le sol par les racines. C'est le phénomène d'évapotranspiration.

La plante se nourrit grâce à la photosynthèse

Pour se développer, la plante a besoin d'une grande quantité d'éléments organiques contenant du carbone. Elle va chercher dans l'air et l'eau les éléments nécessaires à sa nourriture et à son fonctionnement et transforme ces éléments inorganiques (les minéraux, etc.) en matière assimilable grâce à la photosynthèse. Les racines puisent dans le sol l'eau chargée d'éléments nutritifs majeurs que sont notamment l'azote (N), le phosphore (P) et le potassium (K), ainsi que les oligo-éléments.

Des micro-organismes, présents dans le sol, se fixent sur les racines. Parmi eux se trouvent des bactéries qui vivent en symbiose avec les racines de la plante. Ces bactéries jouent plusieurs rôles : elles servent de barrière contre les éléments nuisibles ou pathogènes du sol (dont elles se nourrissent) et participent à l'absorption des éléments nutritifs de la plante par les racines.

La plante va également transformer le gaz carbonique de l'air grâce aux stomates, minuscules pores situés sur les feuilles : c'est la photosynthèse. En effet, grâce à la chlorophylle contenue dans les chloroplastes (éléments des cellules végétales), les plantes utilisent l'énergie lumineuse venant du soleil pour combiner le gaz carbonique qu'elles absorbent et l'hydrogène apporté par l'eau ; elles forment ainsi des substances organiques comme le sucre et l'amidon, et ce faisant, rejettent l'oxygène.

PRINCIPE DE LA PHOTOSYNTHÈSE

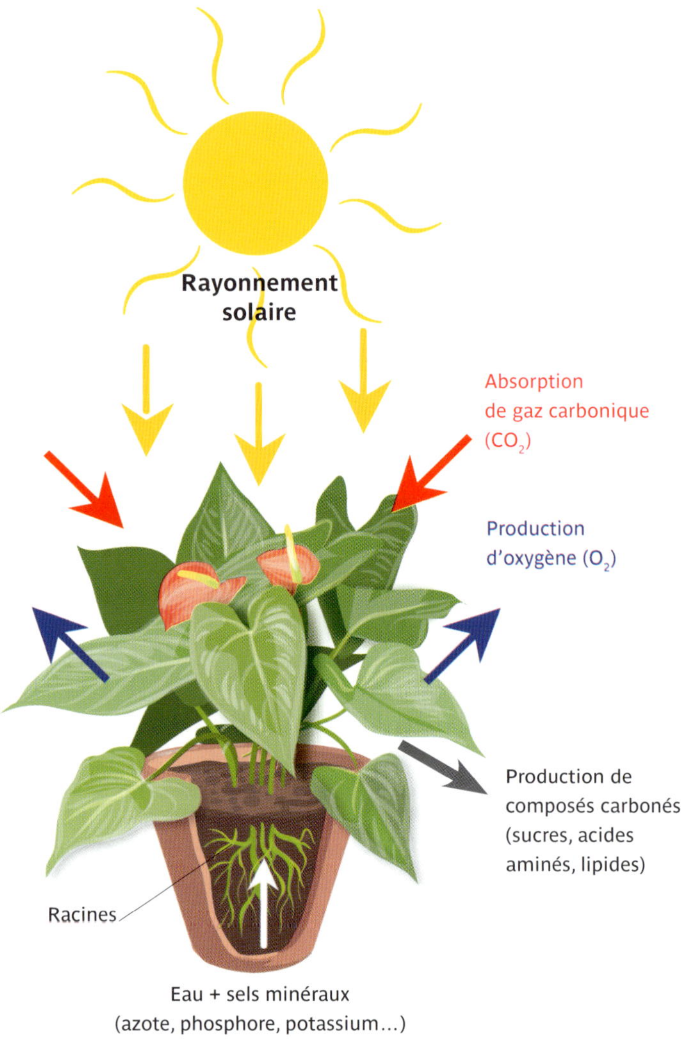

ÉTABLIR SON AUTODIAGNOSTIC

Pour être efficace dans la lutte contre la pollution de l'air intérieur, apprenez à identifier les sources de pollution qui vous entourent. Cela vous permettra de réaliser un autodiagnostic utile à une bonne gestion de l'air intérieur de votre maison et vous saurez sur quels polluants vous et vos plantes devez agir.

L'environnement géographique

La première étude à réaliser est le repérage des caractéristiques de votre environnement géographique : où habitez-vous ? en ville ou à la campagne ?
La vie urbaine est plus polluée, en particulier à cause de la circulation automobile. Mais si vous habitez à la campagne, assurez-vous qu'il n'y ait pas, dans les parages, une usine chimique ou de traitement des déchets dont les émanations et les rejets seront susceptibles d'aggraver la pollution ambiante.

La pollution des gaz d'échappement

Les espaces clos sans aération, comme le garage, concentrent beaucoup de pollution liée aux gaz d'échappement qui ne sont pas évacués par une entrée d'air quand vous faites tourner votre moteur. Fermez bien les portes de communication donnant sur la maison pour éviter de contaminer l'air ambiant de celle-ci.

Lors de l'achat de votre parquet, choisissez de préférence un bois non traité chimiquement.

Vérifier la qualité de l'isolation de sa maison

Le deuxième critère d'évaluation à avoir à l'esprit est la composition des matériaux de construction de la maison.
Assurez-vous que les matériaux dangereux comme les laines de roche ou de verre sont bien recouverts et ne peuvent communiquer avec l'air intérieur de la maison. Privilégiez les bois qui n'ont pas subi de traitement chimique polluant, comme c'est le cas malheureusement avec les parquets vitrifiés ou les boiseries traitées aux pesticides.

LES BONS GESTES AU QUOTIDIEN

Limiter la pollution dans votre intérieur reste la règle numéro 1 pour garder un air sain. Voici quelques conseils pour y parvenir.

Aérer régulièrement permet de renouveler l'air de son intérieur et d'éliminer les polluants volatils.

AÉRER SOUVENT

Un des premiers gestes à recommander est d'aérer toutes les pièces de la maison au moins 10 minutes ou un quart d'heure par jour. Renouveler l'air de la maison permet en effet d'évacuer les polluants qui se sont concentrés dans l'air ambiant.
Assurez-vous que l'air circule librement dans les pièces. Veillez à nettoyer régulièrement les bouches d'aération pour qu'elles ne soient pas obstruées par la poussière et les vapeurs grasses. L'idéal est de posséder une VMC (ventilation mécanique contrôlée) pour renouveler régulièrement l'air de la maison.
Enfin, faites vérifier et nettoyer vos appareils à gaz, votre chaudière et votre cheminée au moins une fois par an pour éviter les émanations de monoxyde de carbone qui est un gaz mortel.

UTILISER LES PRODUITS D'ENTRETIEN AVEC MODÉRATION

Fermez bien les récipients des produits de nettoyage et d'entretien pour ne pas provoquer d'évaporation impromptue des substances nocives qu'ils peuvent contenir.
Privilégiez l'utilisation de l'eau, de produits nettoyants naturels et d'un chiffon à poussière plutôt que des produits très actifs et des bombes aérosol pour dépoussiérer. Modérez et espacez également votre usage d'encaustique et de cire.

L'aspirateur est plus efficace que le balai pour éliminer polluants, acariens et poussière.

Utiliser l'aspirateur

Ne balayez pas la poussière, vous ne faites que la déplacer et la soulever. Privilégiez l'aspirateur et passez-le régulièrement (deux fois par semaine au moins). Les particules qui sont en suspension dans l'air s'accrochent facilement à la poussière. Il faut donc s'en débarrasser.

MÉMO

La cigarette à elle seule est une des plus grandes sources de pollution de l'air intérieur. Évitez donc de fumer dans une pièce fermée.

Lutter contre l'humidité

Un vide sanitaire vous garantit à peu près sûrement l'absence d'humidité dans la maison. Il faut savoir que l'humidité favorise l'émission de certains COV, en particulier l'émission de formaldéhyde. Mais on a aussi constaté qu'elle provoquait l'**HYDROLYSE DES PHTALATES** (plastifiants contenus dans les revêtements en PVC). Enfin, le contrôle de l'humidité permet d'éviter le développement des moisissures.

HYDROLISE DES PHTALATES

Ce terme désigne la décomposition des phtalates sous l'effet de l'humidité.

Je conseille

« Chouchoutez vos plantes d'intérieur : une plante saine et bien entretenue vous garantira un air plus sain ! Surtout, ne lui donnez pas d'engrais chimique ni de pesticides autres que biologiques pour ne pas polluer votre air intérieur. »

BIEN CHOISIR SES PLANTES DÉPOLLUANTES

Pour choisir les plantes les plus adaptées à chaque pièce, vous devez tenir compte de deux paramètres principaux : quel est le polluant à éliminer et quelle est la plante qui a la propriété d'absorber ce polluant spécifique ? Voici en outre un rappel de quelques règles élémentaires pour bien placer les plantes dans votre maison.

Identifier les sources de pollution

Quand vous êtes dans une pièce, identifiez les sources de pollution potentielles. Commencez par exemple par le mobilier en bois aggloméré. Y en a-t-il ? Oui ? Alors, il y a de fortes chances que vous ayez un peu de formaldéhyde dans la pièce. Vous allez donc vous tourner vers les plantes les plus dépolluantes contre le formaldéhyde : le palmier nain (*Chamaedorea elegans*) ou le néphrolépis (*Nephrolepis exalta* 'Bostoniensis'), par exemple. Procédez ainsi pour chaque source de pollution.

Une pièce lumineuse est idéale pour recevoir les plantes d'intérieur.

Où placer votre plante ?

Elle doit être le plus près possible de la fenêtre pour avoir suffisamment de lumière. C'est ce qui lui permet d'effectuer la photosynthèse et de rester en bonne santé.
Sachez qu'à 2 m de la fenêtre, une plante ne perçoit plus que 40 % de luminosité. Il est préférable de la placer le plus près possible, en mettant un léger voilage sur les vitres par temps très ensoleillé pour que le soleil ne brûle pas les feuilles.

Combien de plantes faut-il installer ?

Les avis scientifiques divergent sur le sujet car les études réalisées sur ce point n'offrent pas de données suffisamment fiables pour être prises en compte.

Un minimum de cinq plantes par pièce est une garantie d'avoir une action effective de dépollution par polluant spécifique. Plus vous mettrez de plantes, plus la dépollution sera efficace.

L'efficacité augmente dans le temps

Il apparaît aussi dans certaines études scientifiques que l'activité des plantes dépolluantes deviendrait de plus en plus efficace avec le temps (supérieure à 24 heures), surtout si le polluant est présent en grande quantité. En effet, certains scientifiques expliquent ce phénomène par l'augmentation de la quantité des micro-organismes qui décomposent le gaz dans le terreau.

MÉMO

Dans une chambre d'enfant, il ne faut mettre que des plantes non toxiques pour ne prendre aucun risque en cas d'ingestion.

Placer des plantes dans votre cuisine peut diminuer sensiblement la présence de plusieurs polluants.

LES PLANTES DÉPOLLUANTES

Il ne vous reste plus qu'à faire connaissance avec chacune des vingt meilleures plantes dépolluantes pour la maison et le bureau et à prendre en compte leurs exigences de culture grâce à nos fiches.

ANTHURIUM***

Cette plante présente un double intérêt pour ses qualités esthétiques et dépolluantes. Selon le classement de la NASA, elle arrive en deuxième position pour éliminer l'ammoniac émis par certains produits d'entretien et en neuvième place pour absorber le xylène.

Anthurium andreanum
Autres noms : flamant-rose, langue-de-bœuf
Famille : Aracées

Facilité de culture

L'anthurium est une jolie plante aux sphathes creuses très colorées. Cette plante est originaire des forêts équatoriales de Colombie, elle apprécie donc une atmosphère humide et une chaleur constante avec des températures allant de 18 à 22 °C. Elle est gourmande en lumière si l'on veut obtenir d'elle une longue floraison mais supportera cependant une lumière tamisée. Rempotez votre plante au printemps ou au début de l'été, quand les racines débordent du pot. Coupez celles qui se trouvent au fond du pot. Utilisez un substrat léger à base de terreau et de tourbe et tapissez le fond du pot de cailloux pour assurer un bon drainage. Fertilisez votre substrat avec un engrais « spécial plantes fleuries ».

Sensibilité aux maladies

L'anthurium est une plante résistante aux maladies et ne nécessite pas une surveillance importante.

Recommandé pour...

La cuisine ou la salle de bains seront des pièces idéales pour l'action dépolluante de l'anthurium car c'est là que, sur les carrelages, on utilise le plus de produits à base d'ammoniaque. C'est aussi dans ces pièces que l'on trouve la plus forte hygrométrie qui participe au bon développement de la plante.

Je conseille

« Je vaporise le feuillage de mon anthurium pour recréer l'atmosphère humide des forêts équatoriales. L'humidité ambiante de la pièce à vivre est ainsi augmentée. L'anthurium consomme aussi beaucoup d'eau, mais il faut réduire les arrosages pendant 4 semaines en hiver pour stimuler sa floraison. »

ARÉCA***

Chrysalidocarpus lutescens *figure dans le palmarès de tête des plantes testées par la NASA pour son efficacité à absorber le xylène et le formaldéhyde présents dans l'atmosphère.*

Chrysalidocarpus lutescens
Autres noms : palmier d'Arec, dypsis
Famille : Arécacées

Facilité de culture

Originaire de Madagascar, des Comores et des îles voisines de Zanzibar, l'aréca pousse dans les forêts à terre humifère et aux précipitations abondantes.
L'aréca se compose de larges touffes de palmes légères vert clair, portées par des stipes multiples de couleur jaunâtre. Son port élégant et élancé en fait une plante très décorative.
C'est une plante facile à cultiver. L'hiver, la température de la pièce où il séjourne ne doit cependant pas descendre en dessous de 13 °C. *Chrysalidocarpus lutescens* doit être placé dans une pièce lumineuse. Attention au soleil direct qui ferait pâlir les feuilles !
En période de végétation (été ou automne, selon les variétés), arrosez copieusement et régulièrement, et vaporisez également le feuillage.

Sensibilité aux maladies

Surveillez particulièrement les attaques d'acariens si l'atmosphère est très sèche. De même, deux sortes de cochenilles se rencontrent fréquemment sur les arécas : la cochenille farineuse et la petite cochenille (diaspine). Enlevez-les dès leur apparition avec un tissu fin et humide que vous détruirez aussitôt après usage pour limiter leur prolifération.
Utilisez aussi du savon biologique en vaporisation pour nettoyer les feuilles et prévenir l'apparition de ces parasites.

Recommandé pour…

Toutes les pièces de la maison fraîchement repeintes pourront accueillir volontiers l'aréca, surtout si l'on soupçonne la présence de xylène dans la peinture utilisée.

MÉMO

L'eau pure additionnée de savon noir biologique suffit à nettoyer cette plante. Cela permet d'ôter la poussière qui s'est accumulée sur ses palmes fines.
Un rinçage délicat avec la pomme de douche ou un vaporisateur redonnera tout son éclat au feuillage.

Je conseille

« En appartement, je vous invite à disposer l'aréca dans un emplacement clair ou moyennement lumineux. Il a également besoin d'un substrat riche en humus, bien drainé, ainsi que d'une forte hygrométrie. »

CEREUS PERUVIANUS*

La communauté scientifique n'est pas unanime pour valider les effets bénéfiques de Cereus peruvianus *contre les ondes électromagnétiques dans nos intérieurs. Il est donc important d'être vigilant quant à l'utilisation de nos appareils électriques et à leur installation.*

Cereus peruvianus
Autre nom : cierge du Pérou
Famille : Cactées

Facilité de culture

Cette plante originaire des climats semi-arides d'Amérique du Sud prend la forme d'une colonne et est plus ou moins ramifiée suivant son âge et sa maturité.
L'écart de température qui caractérise le climat semi-aride dans lequel vit *Cereus peruvianus* à l'état naturel est de 5 à 30 °C. C'est une indication précieuse pour connaître ses besoins de culture. Mis à part la luminosité qui doit être importante, *Cereus peruvianus* ne demande que très peu de soins.
Le cierge du Pérou possède de cinq à neuf côtes vert gris, arrondies et cannelées. Les aréoles portent des aiguillons de couleur brun rougeâtre.
En été, des fleurs blanches en entonnoir peuvent apparaître le long des côtes de cette plante. Mais pour cela il y a une chose à savoir : il lui faut un hivernage à 10 °C pour fleurir ou refleurir durant la saison estivale.
Évitez surtout de l'arroser trop souvent, c'est le meilleur moyen de la faire pourrir !
Humidifiez le terreau une fois par mois en hiver, et arrosez modérément le reste de l'année en laissant sécher le substrat sur 2 cm entre deux arrosages.

MÉMO

Le cereus n'a pas d'action directe sur les polluants de l'air intérieur. Il agit cependant sur les ondes magnétiques qui peuvent avoir des effets négatifs sur la santé.

Sensibilité aux maladies

Cereus peruvianus est sensible aux cochenilles farineuses. Veuillez à vous procurer un spécimen parfaitement sain.

Recommandé pour…

Placez-le dans un bureau ou toute autre pièce contenant un ordinateur, un poste de télévision ou des appareils électroménagers tels qu'un four à micro-ondes. L'usage d'un seul cactus ne pourra toutefois pas résoudre toute la problématique liée aux ondes électromagnétiques.

Je conseille

« Les cactées sont des plantes dont les racines doivent être bien aérées : il leur faut donc un substrat très bien drainé. Pour cela je mélange pour moitié du terreau et des petits graviers ou du polystyrène. »

CHLOROPHYTUM***

Le chlorophytum se trouve parmi les toutes premières plantes testées dans le programme Phytair. Elle a ainsi montré sa capacité à absorber le toluène et le formaldéhyde, mais elle capte aussi le monoxyde de carbone, le benzène et le xylène.

Chlorophytum comosum 'Vittatum'
Autres noms : plante araignée, phalangère, phalangium
Famille : Anthéricacées

MÉMO

L'espèce *comosum* est originaire d'Afrique du Sud, mais se cultive chez nos horticulteurs français pour répondre à une forte demande. C'est la plante fétiche de l'association Plant'air pur car c'est elle qui a été testée en premier par les laboratoires français pour vérifier son efficacité en présence de formaldéhyde.

Facilité de culture

Natif des forêts tropicales d'Afrique du Sud, le chlorophytum est habitué à une alternance de saisons sèches et pluvieuses dans son habitat naturel. Ses grosses racines lui servent à emmagasiner l'eau. N'hésitez pas à lui accorder une période de repos végétatif en hiver et rempotez-le juste avant le printemps dans un terreau classique pour plantes vertes.
La température du lieu de vie de la plante araignée peut descendre jusqu'à 8 °C en hiver. Mais, en été, elle n'aime pas les trop fortes chaleurs et se contente idéalement de 18 °C. Elle demande une lumière vive mais sans soleil direct.
En hiver, arrosez modérément en laissant sécher le terreau entre deux arrosages et, en été, soyez plus généreux en eau surtout s'il fait chaud.

Sensibilité aux maladies

Le chlorophytum est sensible au bon dosage de son arrosage. Le manque d'eau va faire roussir le bout des feuilles, et elles s'enrouleront sur elles-mêmes. L'excès d'eau donnera à l'inverse une plante peu vigoureuse au feuillage terne.

Recommandé pour...

Cette plante peut égayer une chambre d'enfant dans laquelle elle absorbera le formaldéhyde. Elle est idéale pour leur donner le goût du jardinage d'intérieur car elle se multiplie facilement en repiquant les stolons qui poussent sur les plantes adultes.

Je conseille

« Il est important de faire vérifier de toute urgence vos chauffe-eau ou autres appareils à combustion défectueux, plutôt que de compter sur le chlorophytum pour absorber les éventuelles fuites de monoxyde de carbone. Il s'agit d'un gaz mortel incolore et inodore et une simple plante ne suffirait pas, en cas de panne, à vous sauver la vie. »

CHRYSANTHÈME***

Le chrysanthème a été retenu pour son efficacité sur plusieurs polluants comme le formaldéhyde, le benzène et l'ammoniac.

Chrysanthemum x morifolium
Autres noms : marguerite d'automne, *Dendranthema x grandiflorum*
Famille : Astéracées

Facilité de culture

Ces plantes éphémères ne sont pas destinées à rester longtemps dans nos intérieurs car elles sont difficiles à faire refleurir. Elles sont toutefois des alliées ponctuelles très efficaces pour dépolluer la maison des hydrocarbures. Ces pollutions sont dégagées notamment par certaines huiles essentielles, les parfums d'ambiance et autres encens.
Le chrysanthème apprécie une température assez fraîche la nuit (5 à 10 °C) et un peu plus élevée le jour (13 à 16 °C).
Il aime recevoir une lumière vive. Vous pouvez tout à fait le replanter dans le jardin après la floraison pour obtenir à l'automne suivant de jolies brassées de fleurs. Attention cependant à ne pas l'exposer à des températures trop basses en hiver.
Veillez à ne pas laisser se dessécher le terreau dans lequel il est cultivé. Il suffit pour cela d'enfoncer le pot et la motte dans un seau d'eau et de laisser s'échapper à la surface de l'eau toutes les bulles d'air qui se forment, jusqu'à la ré-humidification totale de la plante. Une fois le pot sorti de l'eau, laissez-le s'égoutter quelques instants.

Sensibilité aux maladies

Le chrysanthème est sensible aux pucerons, mais ceux-ci n'auront pas le temps de s'installer car la plante vit peu de temps en appartement. Il ne sera donc pas nécessaire de la traiter.

Je conseille
« Pour cette plante, je procède à un arrosage par immersion car le terreau dans lequel elle est commercialisée se dessèche assez vite. »

Recommandé pour...

Dans la journée, le chrysanthème se plaira sur tous les bords de fenêtre à l'intérieur de la maison car on peut trouver du formaldéhyde dans pratiquement toutes les pièces. La nuit, s'il ne gèle pas, on peut le mettre à l'extérieur, pour lui fournir les températures basses qui lui permettent de rester en bonne santé.

DRACAENA 'JANET CRAIG'***

Ce dracaena arrive en sixième position parmi les plantes testées par la NASA pour absorber le formaldéhyde. Il est également efficace contre le trichloréthylène, le benzène et le xylène.

Dracaena deremensis 'Janet Craig'
Famille : Dracénacées

MÉMO

Les dracaenas s'adaptent parfaitement à l'hydroculture, pourvu que la jauge n'atteigne pas le maximum lors du remplissage et surtout qu'on la laisse redescendre jusqu'en bas avant de remettre de l'eau.

FACILITÉ DE CULTURE

Le dracaena 'Janet Craig' est une plante facile à cultiver car elle supporte bien les atmosphères sèches, les arrosages très espacés, voire irréguliers, et les situations peu éclairées : idéal pour les bureaux professionnels.

Le jaunissement, le dessèchement, puis la chute des feuilles à la base des couronnes de feuillage sont des phénomènes normaux de vieillissement qui permettent au tronc de se former. Le brunissement de la pointe des feuilles signale un excès d'eau. À l'inverse, les pointes sèches sont liées à une hygrométrie insuffisante pour votre plante.

Le dracaena apprécie particulièrement les températures chaudes ou légèrement fraîches, mais pas inférieures à 15 °C. Ses besoins en lumière sont assez modérés. Le rempotage s'effectue lorsque les racines ont complètement colonisé la motte.

Veillez à assurer un très bon drainage au fond du pot. Le dracaena doit être arrosé légèrement, en évitant toute humidité stagnante. En touchant le substrat, vous ne devez plus sentir d'humidité au niveau de la motte.

SENSIBILITÉ AUX MALADIES

Étant donné sa faible sensibilité aux parasites, le dracanea est particulièrement intéressant pour une culture en intérieur.

RECOMMANDÉ POUR...

Vous pouvez installer le dracaena dans les pièces un peu sombres de la maison mais suffisamment chauffées en hiver.

Je conseille

« Il est nécessaire de veiller aux excès d'eau destructeurs sur les dracaenas. Je maintiens alors une température au-dessus de 18 °C, car cela évite les risques de pourriture. »

*DRACAENA FRAGRANS***

Ce dracaena semble efficace pour lutter contre le xylène et le formaldéhyde et à moindre degré le trichloréthylène.

Dracaena fragrans
'Massangeana'
Autres noms : dracaena fragrant, dragonnier, arbre de la félicité
Famille : Dracénacées

Facilité de culture

Cette plante formée de troncs sectionnés ou d'un tronc unique ramifié est couverte de rosettes de feuilles plus ou moins longues et larges suivant l'âge du sujet.
L'aspect panaché vert et jaune au centre des feuilles disparaît si la plante ne bénéficie pas d'une situation suffisamment lumineuse.
En vieillissant, ces plantes perdent les feuilles de la base pour laisser apparaître le tronc. *Dracaena fragrans* peut se tailler ; coupez de temps en temps une tête pour qu'il se ramifie.
Originaire d'Afrique centrale ou d'Océanie, cette plante arbustive ne supporte pas les températures inférieures à 15 °C.
Comme beaucoup de dracaenas, *Dracaena fragrans* est une plante d'ombre. Il est facile à cultiver aussi bien en terre qu'en hydroculture. Il peut supporter des atmosphères sèches, des arrosages irréguliers, une lumière faible et ne nécessite, pour le rempotage, qu'un terreau ordinaire bien aéré avec une bonne couche de drainage.

Sensibilité aux maladies

S'il présente des taches jaunâtres au milieu des feuilles, le dracaena est probablement trop arrosé. Si le bout des feuilles devient marron, c'est sans doute lié à une trop faible hygrométrie dans la pièce ; dans ce cas, épointez simplement les feuilles avec une paire de ciseaux.

Recommandé pour…

Le dracaena peut s'utiliser dans une chambre d'enfant car il est vraiment sans danger. Installez-le également dans toutes les pièces de la maison ayant des meubles en bois aggloméré, car les colles utilisées pour fabriquer ces meubles contiennent parfois du formaldéhyde.

Je conseille

« Comme toutes les plantes de son genre, Dracaena fragrans *aime les arrosages très espacés et très légers. En été, je laisse sécher le terreau sur 2 cm et sur la moitié de la hauteur du pot en hiver. »*

DRACAENA MARGINATA***

Parmi les trois plantes testées en France, ce dracaena n'apparaît pas comme la plus efficace pour absorber le formaldéhyde et le monoxyde de carbone. Mais, selon Bill Wolverton, il absorbe aussi une grande quantité de trichloréthylène, de xylène et de toluène, et un peu moins de benzène.

Dracaena marginata
Famille : Dracénacées

Mémo

Le monoxyde de carbone, aussi appelé CO, est un gaz très toxique, inodore et incolore qui peut se former quand on brûle du gaz (naturel, butane ou propane), du charbon, du mazout, du pétrole, de l'essence ou du bois. Faites régulièrement contrôler et entretenir vos appareils de chauffage et de production d'eau chaude par un professionnel.

Facilité de culture

Ce dracaena originaire de Madagascar a besoin d'une température comprise entre 15 °C et 25 °C. Il peut cependant supporter des températures légèrement plus basses que les autres dracaenas. Il se développe bien à mi-ombre, soit à plusieurs mètres de la fenêtre, soit derrière un rideau.

Dracaena marginata est une plante facile à cultiver qui ne doit pas poser de problème. Le jaunissement des feuilles de la base des touffes est un signe de vieillesse normal. Le tronc reste apparent. Il faut simplement enlever ces feuilles au fur et à mesure. Malheureusement, ce phénomène est souvent assimilé à un manque d'eau. De ce fait, on double l'arrosage alors que cela n'est pas nécessaire. Le résultat est que les racines pourrissent par asphyxie et que l'on voit apparaître encore plus de feuilles jaunes.

Arrosez modérément ce dracaena en laissant complètement sécher le substrat sur 2 cm en été et sur la moitié de la hauteur du pot en hiver.

Sensibilité aux maladies

Surveillez les attaques d'acariens qui peuvent apparaître dans une atmosphère sèche. Vaporisez régulièrement le feuillage d'eau à titre préventif.

Recommandé pour...

Dracaena marginata est tout indiqué dans une chambre ou le bureau d'un fumeur (sachant qu'il est conseillé de ne pas fumer, en particulier dans un lieu clos).

Je déconseille

« Les bacs à réserve d'eau ne sont pas vraiment adaptés pour Dracaena marginata *car cette plante n'affectionne pas du tout l'excès d'eau. »*

*FICUS BENJAMINA***

Ficus benjamina arrive, selon la NASA, en neuvième position (sur cinquante plantes testées) pour son efficacité à absorber trois polluants majeurs : le formaldéhyde, le xylène et l'ammoniac.

Ficus benjamina
Autre nom : figuier pleureur
Famille : Moracées

Facilité de culture

Ce ficus est la plante qui s'apparente le plus au symbole de l'arbre d'intérieur, avec ses petites feuilles rondes et brillantes et son port arbustif. Sur les vieux sujets d'appartement, vous pourrez remarquer de minuscules petites boules rondes et ridées qui sont en réalité de petites figues.
Le ficus affectionne particulièrement un emplacement très lumineux mais sans soleil direct. Sa température de prédilection est de 15 à 21 °C.
Ficus benjamina est originaire des régions tropicales de l'Inde, du sud-est de l'Asie et du nord de l'Australie. Dans son habitat naturel, il se développe aussi bien en pleine lumière qu'à l'ombre des autres arbres. Ce ficus ne posera aucun problème dans une pièce très éclairée, à l'abri des courants d'air.
Taillez régulièrement toute l'année ses rameaux fins et retombants à la pointe ou préférez une taille plus sévère à la fin de l'hiver pour laisser passer la lumière et lui permettre de s'étoffer dès le printemps.
Arrosez modérément en hiver et laissez sécher la motte avant d'arroser à nouveau. Ne laissez jamais d'eau stagnante dans la soucoupe.

Je conseille

« En été, si vous avez la possibilité de sortir votre ficus et de le placer à l'ombre d'un arbre, il se couvrira de nouvelles feuilles. »

Sensibilité aux maladies

Surveillez de près la moindre apparition de cochenilles à carapace et taillez la branche où vous les découvrez. Si votre ficus est grand et s'il en est couvert, faites-le rapidement disparaître de votre maison pour éviter qu'il ne contamine les autres plantes ou attendez le plein été pour le traiter, mais procédez à l'extérieur uniquement.

Recommandé pour…

Toutes les pièces de la maison peuvent accueillir un ficus à condition qu'il ait suffisamment de place et qu'aucune personne de la maison ne soit allergique.
Attention, cette plante est également légèrement toxique à cause de sa sève, qui contient un latex irritant, mais uniquement par ingestion des feuilles ou de la tige ! Veillez à éloigner le ficus des parcs de jeux ou des poussettes.

GERBERA***

Bien que sa durée de vie soit courte, le gerbera est très utile pour lutter contre le benzène, le trichloréthylène, le formaldéhyde et le toluène.

Gerbera jamesonii
Famille : Astéracées

Facilité de culture

Il faut au gerbera une température comprise entre 10 et 21 °C pendant la floraison. Installé dans une véranda maintenue hors gel, il supportera des températures proches de 7 °C.
Le gerbera réclame un emplacement clair et ensoleillé. Comme beaucoup de plantes fleuries, il a des besoins en lumière élevés. Si vous souhaitez stimuler l'apparition de nouveaux boutons floraux, apportez à l'eau d'arrosage un engrais spécifique pour plantes fleuries. Cet arrosage doit être régulier, surtout en été, la période de floraison.
Maintenez le terreau toujours légèrement humide et pensez à vaporiser de l'eau sur la plante de temps en temps.

Sensibilité aux maladies

Cette plante est sujette à différents parasites que l'on ne rencontre pas souvent sur les plantes d'intérieur, comme les pucerons ou les mouches blanches. Dans ce cas-là, placez-la à l'extérieur et traitez-la avec un insecticide. Soyez cependant vigilants quant à l'utilisation de ce type de produit : respectez les doses prescrites, et utilisez un masque et des gants. Préférez, si possible, un produit de traitement naturel ou, mieux encore, adoptez la lutte biologique.

Recommandé pour...

Dans toutes les pièces de la maison où le tabagisme sévit, vous placerez votre gerbera sur les rebords intérieurs des fenêtres, en luminosité idéale.

Mémo

Le gerbera est connu depuis longtemps pour son utilisation en fleurs coupées soit à grosses fleurs (*Gerbera*) soit à fleurs plus petites (*Germini*). Ces dernières variétés de plantes fleuries ont des feuilles en forme de rosette. Selon les multiples espèces, on trouve des couleurs qui vont des teintes vives aux teintes pastel, en dehors de la couleur bleue.

Je conseille

« S'il fait doux, j'offre au gerbera un petit séjour à l'extérieur, sur la terrasse ou dans un petit coin de mon jardin d'agrément où je me rends souvent, pour ne pas l'oublier. »

LIERRE***

Efficace pour absorber le formaldéhyde, un peu moins pour capter le toluène, le benzène, le xylène et le trichloréthylène, le lierre est d'un grand intérêt pour dépolluer les pièces de votre maison.

Hedera helix
Autres noms : lierre, lierre anglais, hedera
Famille : Araliacées

Facilité de culture

Cette plante grimpante bien connue se reconnaît à ses longues tiges souples et à ses petites feuilles de forme triangulaire.
L'espèce *Hedera helix* est celle que l'on rencontre dans nos campagnes. Si le lierre pousse mieux à des températures comprises entre 10 et 15 °C, il peut néanmoins supporter des températures supérieures le jour et inférieures en hiver.
Le lierre s'adapte assez bien à la lumière d'appartement, à proximité de la fenêtre.
Il n'apprécie pas les excès d'eau. Ceux-ci se traduisent par un jaunissement du feuillage, puis une chute des feuilles sèches. Il arrive parfois qu'avec ce type de symptômes, on confonde manque d'eau et excès d'eau.

Sensibilité aux maladies

Évitez les emplacements trop chauds et secs, qui favorisent l'apparition d'acariens. Prévenez les attaques d'acariens en vaporisant régulièrement de l'eau sur le feuillage. Cette plante peut supporter les courants d'air, contrairement à beaucoup d'autres.

Recommandé pour...

Toutes les pièces de la maison peuvent accueillir le lierre, mais principalement celles où le formaldéhyde risque d'être présent en quantité importante comme la cuisine, la salle de bains ou la chambre à coucher fraîchement repeinte.

Je conseille

« Pour un débutant, les lierres sont des plantes faciles à cultiver. Ils sont peu exigeants en eau et en lumière, mais vous pouvez leur apporter une nourriture régulière dans l'eau d'arrosage sous forme d'engrais classique pour plantes vertes. »

NÉPHROLÉPIS***

La fougère de Boston est une plante qui « sent bon » les balades en forêt quand on passe les doigts dans son feuillage. C'est notre « plante star » ! Cette fougère est en tête du palmarès des plantes qui filtrent le mieux le formaldéhyde. Elle absorbe bien aussi le xylène.

Nephrolepis exaltata
'Bostoniensis'
Autre nom : fougère de Boston
Famille : Néphrolépidacées

Facilité de culture

Cette fougère d'appartement très courante est composée d'une touffe de frondes (feuilles) ciselées et ondulées qui lui donnent un aspect un peu sauvage. Sa température idéale est située entre 10 °C et 20 °C. La lumière doit être moyenne à vive, mais sans soleil direct.
Rempotez la fougère de Boston au printemps dans du terreau universel pour plantes vertes. Profitez-en pour enlever les feuilles sèches de la base. Évitez de la placer dans des endroits trop sombres et trop secs. Ainsi vous n'aurez pas le désagrément occasionné par les petites chutes de feuilles.
Arrosez-la souvent au printemps et en été en plaçant la plante en pot dans une bassine, mais laissez la terre sécher presque entièrement entre les arrosages en hiver.
Apportez régulièrement un engrais foliaire (tous les 15 jours) d'avril à fin septembre.

Sensibilité aux maladies

Dépoussiérez les feuilles en mettant votre fougère au fond de la baignoire et en l'aspergeant d'eau tempérée avec la pomme de douche. Vous préviendrez ainsi les attaques d'araignées rouges.

Recommandé pour...

Privilégiez les pièces humides comme la salle de bains ou une chambre exposée au nord, mais aussi dans le salon car c'est là que l'on a le plus de risques de trouver une grande quantité de formaldéhyde.

Je conseille

« La forte hygrométrie que l'on trouve dans une salle de bains lui conviendra assez bien, de même qu'un bon arrosage par immersion de temps en temps. Vaporisez donc la plante tous les jours toute l'année car cette fougère originaire des zones tropicales humides a besoin d'une humidité de l'air d'au moins 60 %. »

PALMIER BAMBOU***

Le palmier bambou sera parfait pour éliminer le benzène contenu dans certains parfums. Efficace dans l'absorption du formaldéhyde et du xylène, cette plante a aussi fait ses preuves contre le trichloréthylène, selon les études de la NASA.

Chamaedorea seifrizii
Famille : Arécacées

Facilité de culture

Native des sous-bois du Mexique, cette plante est ainsi habituée au manque de lumière, à tel point qu'on la retrouve parfois dans les églises, supportant le froid de l'hiver et le faible éclairage.
Si la plante se trouve dans un emplacement suffisamment lumineux, il est possible de voir apparaître des petites grappes de fleurs jaunes qui ressemblent à du mimosa. Comme son nom commun l'indique, ce joli palmier assez peu connu ressemble au bambou. C'est une plante très décorative. De nombreux rejets apparaissent à la base du pot.
Ses cannes vert clair peuvent pousser un peu plus haut (jusqu'à 2 m) que celles de l'autre espèce, *Chamaedorea elegans*.
La température doit se situer entre 15 et 25 °C en moyenne, sans descendre en dessous de 13 °C en hiver.
Ce palmier, qui donne d'excellents résultats cultivé en pot à l'intérieur, s'adapte parfaitement à l'extérieur à la belle saison, s'il est placé à mi-ombre.
Maintenez la motte en permanence humide en été, et diminuez les arrosages en hiver.

Sensibilité aux maladies

Protégez-le contre l'apparition des acariens en vaporisant régulièrement son feuillage d'eau.

Je conseille
« Ce chamaedorea est moins connu que Chamaedorea elegans, *mais il remplacera aisément les bambous qui ne sont pas faits pour être mis à l'intérieur. »*

Recommandé pour…

Utilisez ce palmier dans un atelier bien éclairé et abrité ou bien encore dans une chambre près du dressing pour faire écran contre les émanations provenant de vêtements propres tout juste sortis du pressing.

PALMIER DATTIER DU LAOS***

Le phoenix arrive en quatrième place dans le palmarès des plantes capables d'absorber le formaldéhyde, d'après la NASA. Il est également efficace contre le xylène.

Phoenix roebelenii
Famille : Arécacées

Facilité de culture

Phoenix roebelenii présente un ou deux troncs (stipes) et des palmes, vert grisé brillant sur le dessus et vert mat sur le dessous, qui peuvent atteindre 1 m de longueur.
Placez ce palmier dans un endroit chaud où la température ne descend pas en dessous de 13 °C en hiver. Le phoenix accepte volontiers le soleil direct et s'accommode aussi d'une situation mi-ombragée.
Pour le rempotage, utilisez un substrat aéré et riche en humus. Ce palmier cultivé comme plante d'intérieur en pot nécessite un arrosage très régulier et abondant, surtout en été. N'oubliez pas qu'il est originaire des rives du Mékong, au Laos, qui sont des zones inondables submergées tous les ans.

Sensibilité aux maladies

La culture du phoenix est facile, mais soyez vigilant et surveillez de près les attaques d'araignées rouges dans les intérieurs chauffés et secs. Vaporisez régulièrement de l'eau sur le feuillage et les tiges pour prévenir ces attaques et éviter ainsi les traitements acaricides.

Recommandé pour...

Ce palmier conviendra parfaitement à la salle de séjour, une grande entrée très lumineuse, la véranda ou un grand salon haut de plafond et bien éclairé.

Je conseille

« J'attends que le pot soit entièrement colonisé par les racines pour rempoter, sinon je me contente d'un surfaçage. Au printemps, je lui apporte de l'engrais à tomates, qu'il apprécie particulièrement. »

PALMIER NAIN***

Testée par la NASA pour son efficacité à absorber le formaldéhyde, le xylène et l'ammoniac, cette plante arrive en seizième position du classement des plantes retenues par l'agence spatiale.

Chamaedorea elegans
Autre nom : petit palmier des montagnes
Famille : Arécacées

Facilité de culture

Le nom commun de ce palmier le décrit comme étant d'une petite taille. En effet, il dépasse rarement 1 m de hauteur dans nos intérieurs. En revanche, plusieurs plantes regroupées dans un même pot peuvent atteindre un diamètre important. Les touffes composent une petite forêt de palmiers, formés d'une multitude de frondes vert foncé légèrement brillantes.

Il faut un minimum de 10 °C à *Chamaedorea elegans* pour bien se développer ; sa température de prédilection se situe entre 10 °C et 20 °C.

Ce palmier des sous-bois de la forêt tropicale humide du Guatemala supporte une faible luminosité.

Ce chamaedorea aime bien avoir les racines à l'étroit. Rempotez-le uniquement quand le terreau ne semble plus du tout nourrir la plante. Essayez de maintenir dans son environnement une hygrométrie à 70 %, soit en le plaçant dans des pièces à forte humidité ambiante, soit en l'associant à de petites fontaines d'intérieur.

Maintenez le terreau toujours humide en été et laissez-le sécher en surface en hiver.

Sensibilité aux maladies

Vaporisez souvent de l'eau sur la plante pour éviter l'apparition d'acariens ou de cochenilles.

Recommandé pour…

Cette plante peu encombrante révélera toute son utilité après des travaux de peinture (qui dégagent souvent du xylène), dans une salle de bains ou une cuisine.

En effet, les « bonnes odeurs de neuf » sont parfois révélatrices de la présence de solvants, essentiellement des hydrocarbures aromatiques, comme le xylène, utilisés dans certaines peintures.

Je conseille

« Il peut parfois se produire un jaunissement des feuilles de la base : ce phénomène est normal à la fin de l'été car les feuilles âgées jaunissent et finissent par se dessécher. Il faut alors les couper. »

PHILODENDRON ROUGE***

De tous les philodendrons testés par la NASA, le philodendron 'Red Emerald' s'est révélé le plus efficace. C'est un très bon épurateur de formaldéhyde. Il est en revanche moins performant sur le trichloréthylène.

Philodendron erubescens 'Red Emerald'
Autre nom : philodendron roux
Famille : Aracées

Mémo

Si votre pièce est dotée d'une forte hygrométrie, un oubli d'arrosage ne serait pas dramatique. En effet, les racines aériennes de ce philodendron vont absorber l'humidité ambiante.

Facilité de culture

Le philodendron 'Red Emerald' est originaire des forêts équatoriales humides du Venezuela ou de la Colombie. Cette plante grimpante possède de grandes feuilles ovales en forme de flèche, vertes et luisantes sur le dessus et rougeâtres et mates sur le dessous. Sa température de prédilection est comprise entre 15 et 25 °C.

Cette plante n'est pas gourmande en lumière, mais peut supporter une forte luminosité à condition de ne pas être exposée à un soleil trop direct.

Les philodendrons sont faciles à cultiver et sont des plantes idéales pour les débutants. Du printemps à la fin de l'été, faites des apports d'engrais dans l'eau d'arrosage, surtout si vous ne rempotez pas la plante dans l'année.

Pour rempoter, attendez que les racines aient bien colonisé le pot. Utilisez un mélange de terreau pour plantes vertes et de tourbe. Pour les vieux sujets, surfacez uniquement le dessus du pot avec un nouveau substrat.

Comme il n'y a pratiquement pas de repos végétatif sous son climat d'origine, vous pouvez arroser le philodendron hiver comme été.

Entre deux arrosages, laissez toujours complètement sécher le substrat sur 2 cm à la surface du pot. En revanche, si la plante est fixée sur un tuteur en mousse, vaporisez régulièrement ce dernier pour que les racines aériennes s'accrochent à la mousse humide.

Sensibilité aux maladies

Les acariens microscopiques peuvent se développer sous les feuilles, qui se ternissent, jaunissent et freinent la vigueur de la plante.

Recommandé pour…

Placez plutôt votre philodendron dans une salle de séjour où l'on trouvera du formaldéhyde, surtout si toute la pièce est meublée avec du mobilier fabriqué en panneaux de particules, ou bien dans une salle de bains où l'humidité ambiante lui conviendra.

POTHOS***

Testé par le Centre scientifique et technique du bâtiment (CSTB) de Nantes et la faculté de pharmacie de Lille, le pothos a montré sa capacité à absorber le monoxyde de carbone, mais il est aussi efficace pour capter le toluène, le benzène et l'hexane (testé en Australie), ainsi que le formaldéhyde (testé par la NASA).

Scindapsus aureus
Autres noms : arum grimpant, lierre du diable
Famille : Aracées

Facilité de culture

Le pothos peut se trouver sous différentes formes : en suspension, tuteuré sur un support en mousse ou palissé pour faire une cloison végétale. Son feuillage peut être panaché vert et jaune pour le plus courant. Il en existe également au feuillage vert et blanc ou encore uni, vert pomme.
Une température entre 15 et 25 °C lui convient bien. Le pothos peut cependant apprécier une température un peu plus basse pendant une période de repos hivernal (pas moins de 14 °C).
S'il a besoin d'un environnement mi-ombragé où la lumière est plus diffuse, le pothos supporte cependant un emplacement près d'une fenêtre où ses couleurs prennent tout leur éclat.
C'est une plante très facile à cultiver chez soi ou au bureau. Il se multiplie très aisément, c'est pourquoi on le retrouve dans beaucoup de maisons et de lieux publics. Vous pouvez le rempoter chaque printemps dans un terreau ordinaire additionné de sable pour favoriser un bon drainage.
Taillez-le régulièrement en rabattant les longues lianes qui se dégarnissent à sa base, pour le rajeunir. Vous pouvez repiquer au pied les boutures ainsi formées pour étoffer votre plante.
Le pothos peut supporter des périodes de sécheresse mais pas trop prolongées. Cela permettra à ses racines de s'aérer pour laisser passer plus facilement l'air et assurer ainsi un contact avec les micro-organismes du sol, qui participent également à l'élimination des polluants.

Je conseille
« Cette plante aérienne originaire des forêts équatoriales d'Asie du Sud-Est ou de Chine pousse très bien dans nos maisons et je la recommande particulièrement pour les nouveaux jardiniers amateurs. »

Sensibilité aux maladies

Ne laissez pas les cochenilles farineuses envahir votre pothos. En l'achetant, veillez toujours à choisir une plante parfaitement saine : vous augmenterez vos chances de la garder longtemps si elle n'a pas de parasites.

Recommandé pour...

Vous pouvez placer un pothos dans votre atelier de bricolage ou dans toute pièce de la maison, sauf la chambre d'enfant car cette plante appartient à la famille des Aracées et sa sève peut être irritante pour la peau.

RHAPIS***

Voici une plante intéressante en particulier pour absorber l'ammoniac, puisqu'elle arrive en première position au palmarès des plantes efficaces pour capter ce produit, d'après les études de la NASA. Elle a aussi montré sa capacité à absorber le formaldéhyde et le xylène.

Rhapis excelsa
Famille : Arécacées

Facilité de culture

Ce palmier qui ressemble à un bambou porte des feuilles vert foncé en forme d'éventail. Ces feuilles sont découpées en segments minces, droits et crantés à leur extrémité. Les tiges non-ramifiées sont regroupées en touffes et recouvertes d'une sorte d'écorce brun foncé, fibreuse et coriace.
Répandu dans le sud de la Chine et en Asie, cette plante vit dans des régions boisées aux pluies abondantes.
Une température allant de 7 à 25 °C est idéale pour le rhapis. Il se contentera d'une faible luminosité même si c'est un palmier. Attention à ne surtout pas l'exposer au soleil direct sinon ses feuilles perdent leur couleur vert foncé.
Le rhapis apprécie un emplacement chaud, un peu à l'ombre. Installez-le dans un pot suffisamment grand pour accueillir rapidement les autres troncs. Dans le cas contraire, si les tiges débordent du pot, rempotez-le dès le printemps dans un mélange très nourrissant.
Faites également des apports d'engrais pour plantes vertes, au printemps et en été.
L'arrosage doit être abondant en été et plus réduit en hiver.

Sensibilité aux maladies

Le rhapis est sensible aux cochenilles farineuses dont il est assez facile de se débarrasser avec des mouchoirs en papier et en les prenant une par une, le papier coincé entre les doigts. Le feuillage vert foncé ne leur laisse pas de cachette possible.

Recommandé pour...

Placez votre rhapis dans une cuisine spacieuse en prévoyant une place pour cette plante de grande taille. C'est en effet dans cette pièce que l'on rencontre le plus souvent de l'ammoniac, émanant de certains produits d'entretien.

Je déconseille

« Pour ceux qui ont tendance à oublier l'arrosage de leurs plantes vertes, le rhapis n'est pas un choix judicieux. Le manque d'eau lui serait fatal. En revanche si vous optez pour l'hydroculture, cette plante s'y prêtera parfaitement bien. »

SPATHIPHYLLUM***

Certains mastics, colles, peintures ou vernis utilisés pour l'aménagement intérieur dégagent des composés organiques volatils, absorbés par le spathiphyllum. Celui-ci est une plante buissonnante de taille moyenne qui présente un grand intérêt, à la fois pour son aspect décoratif et sa facilité d'entretien, mais surtout pour sa grande capacité à filtrer l'air.

Spathiphyllum
Autres noms : fleur de lune, lis de la paix
Famille : Aracées

Facilité de culture

L'idéal est de maintenir votre spathiphyllum à une température comprise entre 18 et 22 °C toute l'année.

Cette plante, qui pousse naturellement sous les arbres des forêts tropicales humides d'Amérique centrale, a de larges feuilles vert foncé, pointues et luisantes qui laissent apparaître de nombreuses inflorescences blanches de forme originale.

Comme la plupart des Aracées, le spathiphyllum aime les sols chauds et ombragés des forêts tropicales. Ainsi, il est bien adapté aux lumières faibles et aux températures ambiantes confortables de la plupart de nos maisons. Ajoutez à ces conditions une forte hygrométrie, comme celle que l'on trouve dans les salles de bains, et il se portera à merveille.

Apportez un engrais « spécial plantes fleuries » riche en potassium (K) et approchez-le de la lumière si vous voulez le voir fleurir à nouveau.

Nettoyez régulièrement les feuilles avec un chiffon doux légèrement humide si la plante est trop poussiéreuse.

Sensibilité aux maladies

Maintenez le substrat légèrement humide mais sans jamais laisser d'eau dans la soucoupe car vous risquez de provoquer des pourritures du collet de la plante.

Le spathiphyllum n'aime pas beaucoup les rempotages et met parfois plusieurs mois avant de s'en remettre. Privilégiez plutôt une fertilisation régulière du printemps à l'automne.

Recommandé pour...

Dans une chambre, un bureau, une salle de séjour ou une salle de bains assez lumineuse, le spathiphyllum s'adaptera à condition de trouver de la chaleur.

Je conseille

« Le spathiphyllum se contente d'une faible luminosité mais, pour être sûr de le voir refleurir, je n'hésite pas à le placer devant une source de lumière, sans soleil direct. »

SYNGONIUM**

Cette plante offre des performances peu remarquables sur le formaldéhyde, mais son intérêt épuratif n'est toutefois pas négligeable, notamment sur le xylène.

Syngonium podophyllum
Autre nom : patte d'oie
Famille : Aracées

Facilité de culture

Originaire d'Amérique centrale, cette plante grimpante est dotée d'un feuillage en forme de cœur qui se décline du vert anis uniforme au vert plus ou moins panaché de blanc.
Des températures comprises entre 12 °C et 25 °C conviennent au syngonium. Le syngonium aime la lumière, mais pas le soleil direct. Évitez ainsi de le placer devant une fenêtre très exposée.
Il est très robuste et ne présente aucune difficulté d'entretien, si ce n'est celle de devoir maintenir son port initial soit en le faisant grimper autour d'un tuteur soit en le laissant retomber, une fois posé sur une sellette, par exemple. On peut aussi le garder en touffe comme une boule si on taille sévèrement les tiges les unes après les autres au premier nœud à partir de leur base.
Au printemps et en été, faites un apport d'engrais ordinaire pour plantes vertes tous les 15 jours.
L'arrosage doit être modéré, en humidifiant bien la motte mais en laissant sécher la terre entre les apports d'eau.

Sensibilité aux maladies

Bassinez fréquemment le feuillage pour éviter les attaques d'acariens et vérifiez régulièrement l'intérieur de la touffe ou le dessous des feuilles pour surveiller toute apparition de cochenilles farineuses. Car ces deux parasites affectionnent en effet le syngonium.

Recommandé pour…

Dans tous les ateliers d'arts plastiques, où l'on trouve des solvants contenant du xylène, mais aussi dans des lieux comme les écoles, où les feutres et les marqueurs sont présents en grand nombre.

Je conseille

« Je dispose les variétés aux feuilles panachées dans un environnement où elles auront plus de lumière, en revanche celles aux feuilles de couleur unie se contenteront d'une situation moins lumineuse. »

	Benzène (1)	Trichloréthylène (1)	Xylène (1)
Anthurium			* *
Aréca			* * *
Chlorophytum	* * *		* *
Chrysanthème	* * *		
Dracaena 'Janet Craig'	*	* *	*
Dracaena fragrans		*	* *
Dracaena marginata	* *	* * *	* * *
Ficus benjamina			* *
Gerbera	* * *	* * *	
Lierre	*	*	*
Néphrolépis			* * *
Palmier bambou	* *	* *	*
Palmier dattier du Laos			* * *
Palmier nain			* *
Philodendron rouge		*	
Pothos	* * *		
Rhapis			*
Spathiphyllum	* *	* * *	* *
Syngonium			* *

(1) Le nombre d'étoiles indique la capacité plus ou moins élevée de la plante à absorber tel ou tel polluant. En outre, *Cereus peruvianus* a révélé des capacités à absorber les ondes électromagnétiques.

Formaldéhyde (1)	Ammoniac (1)	Toluène (1)	Monoxyde de carbone (1)	Pouvoir dépolluant (2)
*	* * *			* * *
* *				* * *
* *		* * *	* * *	* * *
* * *	* *			* * *
* * *				* * *
* *				* *
* *		* * *		* * *
* *	*			* *
* * *		*		* * *
* * *		*		* * *
* * *				* * *
* * *				* * *
* * *				* * *
* * *	* *			* * *
* * *				* * *
*		* * *	* * *	* * *
* *	* * *			* * *
* *	* *			* * *
*				* *

(2) Le nombre d'étoiles indique le pouvoir dépolluant global de la plante.

INDEX

Dans la collection la Vie en vert

1. 12 mois au jardin **2.** Cultiver les petits fruits **3.** 30 fleurs pour le balcon
4. Des roses pour le jardin **5.** 30 massifs à créer **6.** Semer, greffer, bouturer...
7. Les champignons des bois **8.** Les champignons des prés **9.** Les plantes de la maison
10. Choisir et planter un arbre **11.** Créer un petit potager **12.** Réussir un jardin de ville
13. Arbres et arbustes du soleil **14.** Les couleurs au jardin **15.** Une ruche au jardin
16. Élever des lapins **17.** Une vigne au jardin **18.** Les bulbes à fleurs
19. Parasites : les traitements bio **20.** Les astuces du jardinier
21. La cuisine des Savoyards **22.** Jardiner «bio» **23.** Pelouses et couvre-sol
24. Des arbres pour le balcon **25.** La cuisine des Bretons **26.** La cuisine des Provençaux
27. Élever des poules **28.** Les plantes de véranda **29.** Bien tailler ses arbres fruitiers
30. Les aromatiques en pots **31.** Bien tailler ses arbustes à fleurs **32.** Créer un petit verger
33. Bien soigner ses plantes d'intérieur **34.** Les bonnes associations au potager
35. Arroser sans gaspiller **36.** L'éclairage au jardin **37.** Découvrir les orchidées
38. Les oiseaux du jardin **39.** Les petites chacuteries **40.** Les pains maison
41. 12 mois au potager **42.** Créer un petit bassin **43.** Jardin bio : vrai ou faux ?
44. Les papillons du jardin **45.** Conserves et chutneys maison
46. Les bonnes recettes aux champignons **47.** Cocottes et mijotés
48. 12 mois de fleurs au jardin **49.** Comment faire son compost et ses engrais
50. Desserts au chocolat **51.** Foie gras et confits

Crédits photographiques

Couverture : Jérôme da Cunha / Rustica éditions
François Bertram : pp. 37, 39, 41, 43, 45, 47, 49, 51, 52, 55, 57, 58, 61, 63, 64, 67, 69, 71, 72, 74
Fotolia : Dimitar Bosakov : p. 17 ; Brebca : p. 25 ; Michael Flippo : p. 13 ; K4ph : p. 32 ; Maxfx : p.34 ; Jan Matoska : p. 10 ; George Mayer : p. 8 ; Jacques Palut : p. 29 ; Paylesimages : p. 27 ; Paul Prescott : p. 30 ; Rook76 : p. 21.
Fotosearch : pp. 12, 15 (b), 31, 33 ; Digital Vision : pp. 18, 19 ; Ingrma Publishing : pp. 15 (h), 16.
MAP : Friedrich Strauss : p. 6.
Les illustrations des pp. 23, 26 et 28 ont été réalisées par D. Klecka.

Conception graphique : Sebastian Mendoza / Rustica éditions
Réalisation et mise en page : Véronique Sommeilly / S puissance 3
Suivi éditorial : Julie Parpaillon
Suivi de fabrication : Anne Floutier (F10002)

Photogravure : Altavia
Achevé d'imprimer en janvier 2010 par Dedalo Offset (Espagne).